W0061104

»Wenn in bangen trüben Tagen unser Herz
beinah verzagt ...«

phoenix

10

»Wenn in bangen trüben Tagen unser Herz beinah verzagt ...«

Trost und Zuspruch in Dichterworten

Herausgegeben und eingeleitet von
Mona Jacobi

URACHHAUS

Die Autorin:

Mona Jacobi ist Priesterin der Christengemeinschaft und war lange Jahre Krankenhausseelsorgerin. Sie lebt in Filderstadt bei Stuttgart.

Inhalt

Das Leid in seiner Bedeutung für das menschliche Schicksal

»Das schnellste Ross, das uns zur Vollendung führt, ist Leiden.« Dieses Wort des Mystikers Meister Eckhart weist uns auf das Geheimnis von Leid und Schmerz hin. Jedes Menschenleben ist von Anfang an damit verbunden. Leidvolle Erfahrungen begleiten uns auf unseren Schicksalswegen, sie wirken in allen Bereichen unseres Menschseins, auf leiblichem, seelischem und geistigem Gebiet. Jede Geburt beginnt mit Schmerzen, nicht nur für die Mutter, sondern auch für das Kind, das, ausgestoßen aus dem Mutterleib, plötzlich Helligkeit, Kälte und Erdenschwere empfindet, nachdem es bis dahin, schwerelos im Fruchtwasser schwimmend, nichts anderes als wohlig-warme Geborgenheit kannte.

Jedes Fortschreiten in der Entwicklung ist mit Schmerzen verbunden. Wie mühsam ist das Gehenlernen, wie oft fällt das Kind, stößt sich an, tut sich weh. Trotzdem richtet es sich immer wieder von Neuem auf und übt unermüdlich, bis es allmählich im Überwinden der Widerstände die Fähigkeit erlangt hat, aufrecht zu stehen und zu gehen und damit eine der wichtigsten Voraussetzungen für die Entfaltung des Menschseins gewonnen hat.

So sind alle Entwicklungsschritte im Leben von Schmerzen begleitet, durch deren Überwindung wir jedoch vorwärtskommen. Das heißt aber auch, Schmerzen anzunehmen und zu lernen, sie zu ertragen, zu erdulden in dem Bewusstsein, dass sie uns reicher machen können, auch wenn dies zunächst schwer einzusehen ist.

Was tut der Schmerz in unserem Leben? Er macht uns darauf aufmerksam, dass an der Stelle, wo es weh tut, etwas nicht in Ordnung ist. So ist er der Wächter unseres Leibes, weist uns auf Krankheit hin, mit der wir den Kampf aufnehmen müssen.

In der Seele fühlen wir Kummer, wenn wir eine Enttäuschung erleben, eine leidvolle Erfahrung durchmachen müssen. Die Trennung von geliebten Menschen durch Schicksalsereignisse oder den Tod kann uns in tiefe Verzweiflung stürzen, aus der heraus im Leben kein Sinn mehr gesehen wird.

Auch im Erkenntnisleben können wir uns eines Mangels oder Fehlers schmerzlich bewusst werden. So erzeugt jeder Schmerz Bewusstsein. Ohne vorangegangene Schmerzen kann kein Bewusstsein entstehen. Der Schmerz erzeugt aber nicht nur Bewusstsein und vermittelt uns neue Erkenntnisse über das Wesen des Menschen, über Leben und Tod, er kann – ja möchte das Bestreben wecken, das Krankmachende, uns im Leben Hindernde zu überwinden.

So erscheint der Schmerz einerseits als Wächter, der uns wach macht für die verschiedensten Mängel und Nöte, der uns andererseits aber auch auffordert, nicht bei dem Mangel stehenzubleiben, sondern ihn zu überwinden.

Der Schmerz ist nicht nur bewusstseinsweckend, er

kann uns zur Vervollkommnung unseres Wesens füh-
ren, indem er uns Erkenntnisse vermittelt, die wir
vorher nicht gehabt haben, Erfahrungen, an denen
wir wachsen können. Es bewahrheitet sich das Wort
des griechischen Dichters Äschylos: »Aus Leiden
wächst Erkenntnis«, wird ein Edleres, ein Vollkom-
meneres geboren.

Die Anschauung von Leid und Schmerz hat sich im
Laufe der Jahrtausende gewandelt. Buddhas Lehre
vom Leiden und seiner Überwindung ist noch welt-
verneinend, erdflüchtig. Im Christentum bringt es die
höchste Erhebung der Menschenseele. Rudolf Stei-
ner* weist darauf hin, »dass eine der größten Erhe-
bungen, eine der größten Erbauungen und Sieges-
hoffnungen, die jemals im Herzen der Menschen
Platz gegriffen haben, aus dem weltgeschichtlichen
Anblick des Leides entsprossen ist. Die großen, be-
deutsamen und tief in das Menschenherz einschnei-
denden Empfindungen, die für so viele Menschen Le-
benshoffnung und Lebenskraft sind, die Gewissheit
geben, dass es Ewiges, dass es einen Sieg über den
Tod gibt, alle diese erbauenden und erhebenden
Empfindungen entspringen aus der Anschauung ei-
nes universellen Leidens, eines Leidens, das die Un-
schuld trifft, eines Leidens, das durch keine Sünde der
eigenen Persönlichkeit herbeigeführt worden ist.«
Christus hat das Leiden der Welt auf sich genommen,
er ist für die Erlösung der Menschheit durch den Op-

---

* (Vortrag vom 8.11.1906, Die Erkenntnis des Übersinnlichen in un-
serer Zeit und deren Bedeutung für das heutige Leben, GA 55,
Dornach, 2. Aufl. 1983)

fertod gegangen und hat den Tod überwunden. So erfährt das Leiden im Christentum einen höchsten Stellenwert, es wird zum unabdingbaren Faktor auf dem Weg des Christwerdens, des Jüngerwerdens. Viele Beispiele dafür könnten anhand von menschlichen Schicksalen angeführt werden. Man denke nur an das Leben des jüdischen Arztes Janusz Korczak, der aus grenzenloser Liebe mit seinen jüdischen Kindern in den Tod geht, in die Gaskammern von Treblinka; oder an den Baptistenpfarrer Martin Luther King, der für seine schwarzen Brüder den Opfertod stirbt. Die Nächstenliebe, das Mit-Leid für den anderen entspringt aus der Selbstlosigkeit, eine Tugend, die nur der Mensch entwickeln kann und die ihn zu den größten Taten befähigt. So fördert das im echten Christentum dargelebte Leid den Menschen auf seinem Wege, wenn es ihm gelingt, es zu bejahen, und sei es nach schwerem Ringen und Kämpfen.

Das kann oft lange dauern. Jeder kennt Zeiten des persönlichen Schmerzes, wenn er zuweilen glaubte, keinen Ausweg mehr zu sehen. Wenn Dinge geschahen, die ihm unbegreiflich schienen oder die so einschneidend waren, dass er fassungslos davor stand – völlig aus der Bahn geworfen. Die verzweifelte Frage nach dem Warum findet keine Antwort. In solcher Not kann es hilfreich sein, nach einem Buch zu greifen, das Worte des Trostes enthält, Zuspruch gibt bei schmerzvoller Krankheit oder in Zeiten des Bangens um einen geliebten Menschen. Vielleicht lebt gerade auch ein Freund in tiefer Verzweiflung. Ein Spruch oder ein Gedicht, in dem er sich wiederfindet, kann da oft schon den Beginn einer Wende bedeuten. Ist der Mensch im Grunde doch bestrebt, Schmerz und Leiden aus dem Weg zu gehen, sie zu vermeiden. Überwundene Krisen aber lassen oft den tieferen Sinn des Geschehens erkennen. Darauf weist ein erster Teil der in diesem Buch ausgewählten Dichterworte hin.

Aus tiefer Demut sind manche Gebete entstanden, die von der Bitte erfüllt sind, Kraft zu finden, das Auferlegte zu ertragen. Hieraus spricht oft eine tiefe Weisheit und ein Wissen um den Sinn des Leidens. Wieviel Trost kann uns aber auch die Natur bringen mit ihrer »Auferstehungskraft«, der Sternenhimmel, der etwas von einer höheren Welt ahnen lässt. Andere Dichter fanden Trost in der Musik und konnten das Erlebte in Worte fassen. Hilfreich ist es schließlich auch, zu versuchen, sich über den eigenen Schmerz zu erheben und den *anderen* Menschen und letztlich auch den Christus in *seinem* Leid zu sehen. Da kann der unverhoffte Durchbruch ins Licht erlebt werden.

So bietet dieses Büchlein für Zeiten der Trauer, des Leids oder unlösbar scheinender Schicksalsfragen Sprüche, Gedichte und Gedanken von Menschen, die aus eigenem Erleben in künstlerische Form bringen konnten, was sie durchlitten, erhofft, erfleht – und dabei erfahren haben. Hier ist auf eine höhere Ebene gehoben, was uns menschlich anrührt und uns zeigt, dass wir nicht allein sind in bangen Zeiten und dass oft gerade in der tiefsten Not Hilfe naht, wenn wir unser Vertrauen in das Schicksal nicht verlieren.

Erkenntnis durch Leiden

DICH zu verwandeln,
Schenkten die Götter
Dir Schmerzen und Schmerzen.
Wie bei des Weinstocks
Reifenden Reben
Schnitten auch sie
Dein Herz von dem Stamme,
Gabens den Trauben gleich
Hin an die Kelter.

Langsam und schwer nur
Fällt Tropfen um Tropfen
Aus blutenden Früchten,
Aber befreit einst
Von Schalen und Kernen,
Leuchtets verwandelt
In purpurner Klarheit,
Dankbar noch segnend dann
Kelter und Schmerzen.

Hanna von Strautz

FUSSSPUREN IM SAND

Ich träumte eines Nachts,
ich ging am Meer entlang mit meinem Herrn,
und es erstand vor meinen Augen,
Streiflichtern gleich, mein Leben.
Für jeden Abschnitt, wie mir schien,
entdeckte ich im Sande
Fußspuren zweier Schreitenden.
Die einen waren mein, die anderen des Herrn.

Als dann das letzte Bild an uns
vorbeigeglitten war, sah ich zurück
und stellte fest, dass viele Male
des einen Spuren im Sande nur zu sehen waren.
Sie zeichneten die Phasen meines Lebens,
die am schwersten waren.

Das machte mich verwirrt, ich wendete
mich fragend an den Herrn:
»Als ich dir damals alles übergab, o Herr,
was ich besaß, zu folgen dir,
da sagtest du, du würdest immer bei mir sein.
Doch in den tiefsten Nöten meines Lebens
seh ich nur ein Paar Spuren in dem Sand –.
Warum denn warst du nicht bei mir,
als ich dich so verzweifelt brauchte?
Der Herr nahm meine Hand und sprach:

»Geliebtes Kind, nie ließ ich dich allein,
schon gar nicht in den Zeiten, da du littest
und angefochten warst.
Wo du nur ein Paar Spuren im Sand erkennst,
da hab ich dich getragen.«

Aus dem Irischen

Weisheit ist kristallisierter Schmerz.

Rudolf Steiner

Überwundener Schmerz ist in der Zukunft
Vollkommenheit.

Rudolf Steiner

Die wenigsten Menschen kennen schon die Wachheit
für die innere Welt. Nur, wenn sie das Leid durchrüt-
telt, rühren sie daran – wie jemand, der sich im
schweren Traum hin und her wirft und sich sehnt zu
erwachen.

Michael Bauer

Wenn wir im Leiden gar nicht hinblicken auf die Schmerzen, die wir auszuhalten haben, nicht auf die Menschen, die es uns zufügen, nicht auf die Lebensmöglichkeiten, die es uns raubt, sondern nur fester und immer fester uns verbinden mit dem göttlichen Willen, der in ihm zu uns kommt, dann stärkt das Leiden mit einer ungeahnten Kraft und das unverstandene Leiden am meisten. Dann ist das Leiden – man kann es nicht anders sagen – die eigentliche Lebensstärkung, der kraftvollste göttliche Lebenstrank.

Friedrich Rittelmeyer

Der Schmerz ist ein heiliger Engel, und durch ihn sind Menschen größer geworden als durch alle Freuden der Welt.

Adalbert Stifter

Ist die Sehnsucht der Seele nach höherem und reinerem Leben nur groß genug, so wird auch bald alles Leid als Mahnruf aus der Ewigkeit erkannt und dankbar getragen und schließlich als *Begnadung* hingenommen.

Michael Bauer

Ich gebe den Schmerz nicht her, weil ich sonst auch das Göttliche hergeben müsste.

Adalbert Stifter

Ich hatte es nie so ganz erfahren, jenes alte, feste Schicksalswort, dass eine neue Seligkeit dem Herzen aufgeht, wenn es aushält und die Mitternacht des Grams durchduldet, und dass, wie Nachtigallengesang im Dunkeln, göttlich erst in tiefem Leid das Lebenslied der Welt uns tönt.

Friedrich Hölderlin

Freuden sind Geschenke des Schicksals,
die ihren Wert in der Gegenwart erweisen.
Leiden dagegen sind Quellen der Erkenntnis,
deren Bedeutung sich in der Zukunft zeigt.

Rudolf Steiner

Der Engel der Not

Ein Mensch sollte auf einen Berg, wurde aber vor einer steilen Wand mutlos und verbrachte die Zeit in Unschlüssigkeit.

Da trat eine Frau hinzu, ergriff ihn und trug ihn über die Klippe hinauf. »Wer bist du«, fragte der Mensch. »Lind hast du nicht zugefasst, aber ich danke dir gleichwohl.«

»Ich bin die Not«, sagte die Frau und verschwand. Und der Mensch konnte gerade noch sehen, dass die Not gründgoldige Flügel hatte und ein Engel Gottes war so gut wie irgendeiner.

Michael Bauer

Ich bin oft müde und ohne Glauben und Mut, aber ich glaube, man muss diese Zustände nicht eigentlich bekämpfen, sondern sich ihnen überlassen, einmal weinen, einmal gedankenlos brüten, und nachher zeigt sich, dass inzwischen die Seele doch gelebt hat und irgendetwas in einem vorwärtsgegangen ist.

Hermann Hesse

Was uns das Leiden bringen kann, ist immer mehr, als was uns das Leiden nehmen kann. Die hohe Kunst ist, sich so zum Leben zu stellen, daß es uns den größten Segen bringt, der nur in ihm verborgen ist.

Friedrich Rittelmeyer

Ich bin glücklich, und wenn ich's nicht bin, so wohnt wenigstens all das tiefe Gefühl von Freud und Leid in mir.

Johann Wolfgang Goethe

Die Freuden können wir in der Gegenwart,
die Leiden aber erst in der Zukunft schätzen.
Die ersteren sind Geschenke des guten Gesetzes,
Die letztern aber sind die Lehrer der Weisheit.

Rudolf Steiner

Die Schmerzen sind's, die ich zu Hilfe rufe; denn es sind Freunde, Gutes raten sie.

Johann Wolfgang Goethe

GEBET

Dich ruf ich, Schmerz; mit aller deiner Macht
triff dieses Herz, dass es gemartert werde
und, das ich bin, dies Häuflein arme Erde,
emporhält aus der allgemeinen Nacht.

Dich ruf ich, Menschenfreund der besten Art;
misstraue nicht, dass ich dich je verkennte;
du Schmerz, durch den uns wohl das Größte ward,
was Menschwert von Gott und Tiere trennte.

Dich ruf ich; gib mir deinen bittern Krug;
und siehst du mich auch bang mich von ihm wenden; –
damit das Glück allein nicht Kraft genug,
so hilf denn du mein Tagwerk mir v o l l e n d e n!

Christian Morgenstern

DAS IST DER SCHMERZ, den ich erfleht,
nach dem ich ausgezogen war
durch all die Zeiten, Jahr um Jahr
mit meinem trotzigen Gebet.

Christian Morgenstern

Wisse: es sind der Seele die Flügel gewachsen, damit
sie das Schwere zum Himmel emporhebe.
Denn nur fliegend, nur im Fluge
haben wir Anteil am Göttlichen.

Platon

ÜBER DEN SINN DES LEIDENS

Leiden ist eine Begleiterscheinung der höheren Entwicklung. Es ist das, was man nicht entbehren kann zur Erkenntnis. Der Mensch wird sich einst sagen: was mir die Welt an Freude gibt, dafür bin ich dankbar. Wenn ich aber vor die Wahl gestellt werde, ob ich meine Freuden oder Leiden behalten will, so werde ich die Leiden behalten wollen; ich kann sie nicht entbehren zur Erkenntnis.

Jedes Leid stellt sich nach einer gewissen Zeit so dar, dass man es nicht entbehren kann, denn wir haben es als etwas in der Entwicklung Enthaltenes aufzufassen. Es gibt keine Entwicklung ohne Leiden, wie es kein Dreieck ohne Winkel gibt.

Wenn der Christus-Einklang erreicht sein wird, werden wir erkennen, dass zu diesem Einklang alle vorangegangenen Leiden notwendige Vorbedingung waren. Damit der Christus-Einklang da sein kann, muss das Leid da sein; es ist ein absoluter Faktor in der Entwicklung.

Rudolf Steiner

Gebete um Schutz
und innere Kraft.
Bereitschaft zur Demut

Ich muss es zum Preise Deiner Güte bekennen, dass Du alle Mittel versucht hast, mich zu Dir zu ziehen. Bald gefiel es Dir, mich die schwere Hand Deines Zornes empfinden zu lassen und durch mannigfaltige Züchtigung mein stolzes Herz zu demütigen. Krankheit und andere Unglücksfälle verhängtest Du über mich, um mich zum Nachdenken über meine Abweichungen zu bringen... Nur das Einzige bitte ich Dich, mein Gott, höre nicht auf, an meiner Besserung zu arbeiten! Lass mich nur, auf welche Weise es wolle, zu Dir kehren und an guten Werken fruchtbar werden!

Ludwig van Beethoven

WAS ICH WOLLTE, liegt zerschlagen,
Herr, ich lasse ja das Klagen,
Und das Herz ist still.
Nun aber gib auch Kraft, zu tragen,
Was ich n i c h t will!

Joseph von Eichendorff

TÄGLICHES GEBET IN LANGER KRANKHEIT

Ich bitte Dich, Herr, um die große Kraft,
diesen kleinen Tag zu bestehen,
um auf dem großen Weg zu Dir
einen kleinen Schritt weiter zu gehen.

Ernst Ginsberg

DER 121. PSALM

Ich hebe meine Augen auf zu den Bergen, von wel-
chen mir Hilfe kommt.
Meine Hilfe kommt von dem Herrn, der Himmel und
Erde gemacht hat.
Er wird deinen Fuß nicht gleiten lassen; und der dich
behütet, schläft nicht.
Siehe, der Hüter Israels schläft noch schlummert
nicht.
Der Herr behütet dich, der Herr ist dein Schatten
über deiner rechten Hand.
Dass dich des Tages die Sonne nicht steche, noch der
Mond des Nachts.
Der Herr behüte dich vor allem Übel; er behüte deine
Seele.
Der Herr behüte deinen Ausgang und Eingang von
nun an bis in Ewigkeit.

Übersetzung von Martin Luther

GEBET

Herr! Schicke, was du willt,
Ein Liebes oder Leides;
Ich bin vergnügt, dass beides
Aus deinen Händen quillt.

Wollest mit Freuden
Und wollest mit Leiden
Mich nicht überschütten!
Doch in der Mitten
Liegt holdes Bescheiden.

Eduard Mörike

Es liegen in der menschlichen Natur wunderbare
Kräfte, und eben wenn wir es am wenigsten erhoffen,
hat sie etwas Gutes für uns in Bereitschaft. – Ich habe
in meinem Leben Zeiten gehabt, wo ich mit Tränen
einschlief; aber in meinen Träumen kamen nun die
lieblichsten Gestalten, mich zu trösten und zu be-
glücken, und ich stand am anderen Morgen wieder
frisch und froh auf den Füßen.

Johann Wolfgang Goethe

Es RUHEN in der Zukunft Schoß
für meine Seele
die guten und die schlimmen Lose.

Was mir Gutes täglich erfließt
will ich bemerken.
an ihm zeigt sich mir,
was Götter aus mir gemacht.

Was mir Schlimmes zuweilen erfließt,
will ich ertragen.
An ihm zeigt sich mir,
was ich selbst aus mir machen kann.

Ich danke meinem guten Geschick,
wie ich jetzt lebe.
Ich danke meiner Stärke im schlimmen Geschick
die Kraft, die ins Leben mich aufwärts führen kann.

Wer glaubt, dass gutes Geschick allein fördert,
Schlimmes allein niederbeugt,
der sieht nicht das Jahr,
sondern allein den Tag.

Rudolf Steiner

ICH WILL NICHT klagen mehr,
Ich will mich froh erheben
Und wohl zufrieden sein
Mit meinem Lebenslauf.
Ein einz'ger Augenblick,
Wo Gott sich mir gegeben,
Wiegt jahrelange Leiden auf.

Novalis

»Bleibt, ihr Engel, bleibt bei mir!
Führet mich auf beiden Seiten,
Dass mein Fuß nicht möge gleiten.
Aber lernt mich auch allhier
Euer großes Heilig singen
und dem Höchsten Dank zu bringen.«

Johann Sebastian Bach

ALTIRIRSCHES ABENDGEBET

Du Engel Gottes,
der du über mir wachest
im Namen des himmlischen Vaters,
des barmherzigen,
des königlichen Hüters aller Heiligen,
die mich einhüllen in dieser Nacht:
Sei du die helle Flamme vor mir,
Sei du der Leitstern über mir,
Sei du der sanfte Pfad unter mir
und ein freundlicher Hirte hinter mir
am Tage, in der Nacht und für immer.
Jetzt bin ich müde
und ein Fremder in dieser Welt.
Leite mich in das Land der Engel:
denn es ist Ruhe-Zeit für mich,
nun heimzukehren in das Reich
Christi,
in den Frieden des Himmels.

Du, der über uns ist,
Du, der einer von uns ist,
Du, der ist –
auch in uns,
dass alle Dich sehen – auch in mir,
dass ich den Weg bereite für dich,
dass ich danke für alles, was mir widerfuhr.
Dass ich dabei nicht vergesse der anderen Not.
Behalte ich in Deiner Liebe, so wie du willst,
dass andere bleiben in der meinen.
Möchte sich alles in diesem meinem Wesen zu Deiner
Ehre wenden,
und möchte ich nie verzweifeln.
Denn ich bin unter Deiner Hand,
und alle Kraft und Güte sind in Dir.

Gib mir einen reinen Sinn – dass ich Dich erblicke,
einen demütigen Sinn – dass ich Dich höre,
einen gläubigen Sinn – dass ich in Dir bleibe.

Dag Hammarskjöld

GOTT werde groß in mir,
Nimm hinweg alle Schlacken des Tages,
Allen Satz aus der Seele,
Den die Mühen ums Brot,
Den der Kampf mit den Menschen,
Den eigene Kleinheit im Herzen zeugten.

GOTT werde groß in mir,
Werde leuchtende Flamme und stetiges Licht,
Sprenge dies Herz, das zu klein,
Lass Deine Allheit hinein!

GOTT werde groß in mir,
Mach mich zur leuchtenden Fackel,
Zum brennenden Licht,
Zur Leuchte Deiner großen Gedanken!

GOTT, werde groß und vernichte mich!
Gott werde groß, dass Deine Gedanken
Mich ganz durchleuchen
Und meine Hände Dein Werkzeug sind!

Erich Sperling

GEBET AUS DEM MITTELALTER

O Christus, du mein göttlicher Bruder,
Du meine eigenes, ewiges Selbst.
Lebe du dein Leben in mir,
Tue du deinen Willen in mir.
Werde du zum Fleische in mir.
Keinen anderen Willen will ich
Haben als den Deinen,
Kein anderes Selbst als Dich, – Amen.

DA NIMM. Das lass ich dir zurück, o Welt ...
Es stammt von dir. Es sei von Neuem dein.
Da, wo ich jetzo will hinaus, hinein,
bin ich nicht mehr auf dich gestellt.
Da gilt der blasse Geist allein,
den ich mir formte über dir
ach, nur wie einen blassen Opferrauch, –
da gilt nur noch der ach, so schwache Hauch,
der von dem CHRISTUS lebt in mir.

Christian Morgenstern

DEM UNBEKANNTEN GOTTE

Noch einmal, eh ich weiterziehe
und meine Blicke vorwärts sende,
heb' ich vereinsamt meine Hände
zu Dir empor, zu dem ich fliehe,
dem ich in tiefster Herzenstiefe
Altäre feierlich geweiht,
dass allezeit
mich Deine Stimme wieder riefe.

Darauf erglüht, tief eingeschrieben
das Wort: dem unbekannten Gotte.
Sein bin ich, ob ich in der Frevler Rotte
auch bis zur Stunde bin geblieben:
Sein bin ich – und ich fühl die Schlingen,
die mich im Kampf darniederziehn
und, mag ich fliehn,
mich doch zu seinem Dienste zwingen.

Ich will Dich kennen, Unbekannter,
Du tief in meine Seele Greifender,
mein Leben wie ein Sturm Durchschweifender,
Du Unfassbarer, mir Verwandter,
ich will Dich kennen, selbst dir dienen.

Friedrich Nietzsche

O MEIN HERR und mein Gott!
In deine Hände befehle ich meinen Geist.
Der du mich durch dieses Erdenleben getragen,
Der du deinen Engel als Führergenius mir gabst,
Der mich von Kindesbeinen an durch alle
Schicksalsprüfungen dieses Lebens geführt.
Heiliger Engel, breite deine schützenden Schwingen
in dieser Stunde über mich.
Führ mich zu Christus,
meinem göttlichen Führer.
Christus lebe in mir,
Christus walte in mir.
Christus trage mein Ich
sicher über die Todesschwelle
in den Sternenraum,
dass meine Seele ihren Sternenort finde,
den Gott für sie bereitet hat.
Deine Liebe, o Gott,
Hülle ihre schützenden Schwingen
um meine Seele
und führe mich in das Licht
zu meinem Gottesstern.
In Christus befehle ich meinen Geist,
jetzt und in Ewigkeit.
Amen

Verfasser unbekannt

Was auch kommt,
was mir auch die nächste Stunde,
der nächste Tag bringen mag:
ich kann es zunächst,
wenn es mir ganz unbekannt ist,
durch keine Furcht ändern.
Ich erwarte es mit vollkommenster innerer Seelenruhe,
und mit vollkommener Meeresstille des Gemütes.

Durch Angst und Furcht
wird unsere Entwicklung gehemmt,
wir weisen durch die Wellen
der Furcht und Angst zurück,
was in unsere Seele
aus der Zukunft
herein will.

Die Hingabe an das,
was man göttliche Weisheit
in den Ereignissen nennt,
die Gewissheit, dass das,
was da kommen wird, sein muss,
und dass es auch
nach irgendeiner Richtung
seine guten Wirkungen haben müsste,
das Hervorrufen dieser Stimmung
in Worten, in Empfindungen, in Ideen,
das ist die Stimmung des Ergebenheitsgebetes.

Rudolf Steiner

Wahre Demut ist etwas ganz anderes als Sich-selbst-Herabsetzen; sie hat mit dem Urteil über sich selbst gar nichts zu tun. Sie ist die schlichte, begeisterte Seelengröße, die da spricht: »Geheiligt werde *Dein* Name! *Dein* Reich komme! *Dein* Wille geschehe! Was liegt daran, ob *ich* dabei lebe oder sterbe, glücklich oder unglücklich bin!«

Friedrich Rittelmeyer

ICH BIN NICHT Ich.
Ich bin jener, der an meiner Seite geht,
ohne dass ich ihn erblicke.
Den ich oft besuche und den ich oft vergesse.
jener, der ruhig schweigt, wenn ich spreche,
der sanftmütig verzeiht, wenn ich hasse,
der umherschweift, wo ich nicht bin,
der aufrecht bleiben wird, wenn ich sterbe.

J. R. Jiménez

GEBET

Mein Gott, du unbeschreiblich erfüllende Helle,
wie danke ich dir, dass ich dich sehen darf.
Sieghafte Fröhlichkeit im Herzen
nehme ich teil an der ewigen Schöpfung.
Vor deiner Schönheit stirbt aller Weltschmerz,
O lass mich liebend werden.
gib mir Klarheit des Auges,
öffne meine Ohren,
sprenge die Panzer meines Herzens
und hilf mir, Mensch zu werden.
gib mir Kraft und Mut
im Kampf mit meinem Ich.
Erfülle mich täglich mit dem Bewusstsein
deiner Macht.
Lass mich die Sorge um meinen Bruder finden
und gib mir Festigkeit,
damit ich nicht an der Bosheit zerbreche.
Mein Gott, breite deinen Sonnenglanz über die Welt.
Amen

Die 4. Kaste - Brigitte Wolf

PSALM 23

Der Herr ist mein Hirte,
Es wird mir nicht mangeln,
Auf frischem Grün lässt er mich ruhn,
Zum Lebensstrom führt er mich hin.
Meine Seele lässt er genesen;
Den Weg der Wahrhaftigkeit lässt er mich wandeln
Zu seines Wesens waltender Kraft.
Und ob ich auch ginge im Abgrund der finsteren To-
desschatten,
Fürchte ich nimmer des Bösen Gefahr.

Denn du bist bei mir,
Dein Stecken und Stab sind mir Stütze und Trost.
Im Angesicht meiner Feinde deckst du den Tisch vor
mich hin;
Mein Haupt salbst du mit Öl,
Meinen Becher schenkest du mir voll.
Ja, schenkende Güte –
Sie trägt mich all mein Leben,
Und im Hause des Herrn,
Da das Ich in mir spricht,
Will auf immer ich ruhn.

Übersetzung: Hermann Beckh

Trost durch die Natur

Darum ist die Natur so tieftröstlich, weil sie schlafende Welt, traumlos schlafende Welt ist. Sie fühlt nicht Freude, nicht Schmerz, und doch lebt sie vor uns und für uns ein Leben voll Weisheit, Schönheit und Güte. So schliefen auch wir einst, und zu solchem Zustand kehren auch wir einst wieder zurück, nur mit dem Unterschiede, dass dann dies ganze Über-Glück, Über-Leid uns bewusst sein wird und dass wird dann auch keine Träume mehr brauchen, weil wir die Himmel offen sehen.

Christian Morgenstern

FELIZITAS

Oft, wenn ich in der Nacht,
Von bangem Traumgesicht
Emporgeschreckt, betracht,
Wie leicht der Leib zerbricht,
Wenn immer schwerer lasten Angst und Wahn,
Ich weinen muss ob meiner dunklen Bahn:
Lauf ich zum Fenster schnell,
Die Sterne anzuschaun.
Wie scheinen sie so hell.
Dann darf ich doch vertraun.
Ich weiß es ja, dass mich an Kindes statt
Der Sternenhimmel angenommen hat.

Albert Steffen

WENDE DICH, du kleiner Stern,
Erde! wo ich lebe,
Dass mein Aug', der Sonne fern,
Sternenwärts sich hebe!

Heilig ist die Sternenzeit,
Öffnet alle Grüfte;
Strahlende Unsterblichkeit,
Wandelt durch die Lüfte.

Mag die Sonne nun bislang,
Andern Zonen scheinen,
Hier fühl' ich Zusammenhang
Mit dem All und Einen!

Hohe Lust, im dunklen Tal,
Selber ungesehen,
Durch den majestät'schen Saal
Atmend mitzugehen!

Schwinge dich, oh grünes Rund,
In die Morgenröte!
Scheidend rückwärts singt mein Mund
Jubelnde Gebete!

Gottfried Keller

MONDNACHT

Es war, als hätt' der Himmel
Die Erde still geküsst,
Dass sie im Blütenschimmer
von ihm nun träumen müsst'.

Die Luft ging durch die Felder,
Die Ähren wogten sacht,
Es rauschten leis die Wälder,
So sternklar war die Nacht.

Und meine Seele spannte
Weit ihre Flügel aus,
Flog durch die stillen Lande,
Als flöge sie nach Haus.

Joseph von Eichendorff

SIEHE, AUCH ICH – LEBE

Also, ihr lebt noch, alle, alle, ihr,
am Bach ihr Weiden und am Hang ihr Birken,
und fangt von neuem an, euch auszuwirken,
und wart so lang nur Schlummernde, gleich – mir.

Siehe, du Blume hier, du Vogel dort,
sieh, wie auch ich von neuem mich erhebe ...
voll innern Jubels treib' ich Wort auf Wort ...
siehe, auch ich, ich schien nur tot. Ich lebe!

Christian Morgenstern

TROST VON OBEN

Wenn dich die Schatten bedrohen,
wenn sich umdunkelt dein Mut,
schau zu den Sternen, den hohen,
sie sind dir treu, sind dir gut.

Musst ohne Bruder du leben,
trägt dich kein freundschaftlich Band,
rufe die Toten, sie geben
brüderlich dir ihre Hand.

Ist doch kein Herz so versiegelt,
ist doch kein Mensch so verstört,
dass sich kein Stern in ihm spiegelt,
dass ihn kein Toter erhört.

Alfred Schütze

GEBET EINES JUNGEN RUSSISCHEN SOL-
DATEN, der im Zweiten Weltkrieg gefallen ist
und in dessen Tasche es gefunden wurde.

Hörst Du mich, Gott?
Noch nie im Leben sprach ich mit Dir, doch heute,
heute will ich Dich begrüßen. Du weisst, wie man mir
schon in frühen Kindertagen sagte: Dich gibt es
nicht. Und ich – Narr, der ich war – glaubte es.
Die Schönheit Deiner Schöpfung war mir nie be-
wusst. Doch heute Nacht nahm ich sie wahr, vom

Grunde eines aufgerissenen Kraters, den Sternenhimmel über mir. Und ich verstand bewundernd sein Gefunkel.

Wie konnte ich so grausam nur betrogen werden!

Ich weiß nicht, Herr, ob Du die Hand mir reichst, doch will ich Dir es künden, Du wirst mich verstehen, – dies Wunder, dass es mitten in der schauerlichsten Hölle Licht wurde und ich Dich erschaute. Nichts Weiteres habe ich Dir zu sagen, nur dass ich froh ward, da ich Dich erkannte.

Um Mitternacht sind wir zum Angriff aufgerufen – doch fürchte ich mich nicht – Du schaust auf uns. Horch, das Signal –. Was tut's, ich muss hinaus.

Mir war so gut mit Dir. –

Noch will ich sagen: du weisst, die Schlacht wird böse sein. Vielleicht in dieser Nacht schon klopf ich bei Dir an. Obgleich bis jetzt Dein Freund ich nicht gewesen, – wirst Du den Eintritt mir gestatten, wenn ich komme? Mir scheint es fast – ich weine.

Mein Gott, Du siehst, wie mir geschah, die Augen sind mir aufgetan. Vergib mir, Gott, ich gehe, und ich kehre wohl kaum zurück. Doch, – o welch ein Wunder – ich fürchte keinen Tod mehr. –

Übersetzt von Herbert Hahn und Lila Trymann

WAS DES TAGS du in einsamer Kammer gedacht –
steht gerichtet im Licht vor der Sonne der Nacht.

Was verschwiegen in ahnenden Herzen dir quillt –
wächst im Traum vor dem Blick deines Engels enthüllt.

Jeder keimende Wille, die reifende Tat
wird von Göttern geerntet zu künftiger Saat.

Und es sammeln die Geister und führen zum Ziel,
was dem Werden zerbrach, was dem Wirken zerfiel.

Drum beginne dein Werk, – es sei noch so gering:
denn sie wissen Vollendung für jedes Ding.

So erbilden sie heimlich die kommende Welt,
dass sie strahlend erscheine, wenn diese zerfällt.

Rudolf Meyer

Trösterin Musik

NACHKLÄNGE BEETHOVENSCHER MUSIK

Einsamkeit, du stummer Bronnen,
Heilge Mutter tiefer Quellen,
Zauberspiegel innrer Sonnen,
die in Tönen überschwellen:
Seit ich durft in deine Wonnen
das betörte Leben stellen,
seit du ganz mich überronnen
mit den dunklen Wunderwellen,
hab' zu funkeln ich begonnen.
Und nun klingen all die hellen
Sternensphären meiner Seele,
deren Takt ein Gott mir zähle.
Alle Sonnen meines Herzens,
die Planeten meiner Lust,
die Kometen meines Schmerzens
tönen laut in meiner Brust.
In dem Monde meiner Wehmut,
allen Glanzes unbewusst,
muss ich singen und in Demut
vor den Schätzen meines Innern,
vor der Armut meines Lebens,
vor den Gipfeln meines Strebens,
Ewger Gott, mich dein erinnern:
Alles andre ist vergebens.

Clemens Brentano

AN MENDELSSOHN-BARTHOLDY

Wenn deine Harmonien mich umschweben,
so wird es mir, als hört ich Engel klagen,
und leise Wehmut, von Musik getragen,
in Duft gelöst bis zu der Seele beben.

Wie Himmelsgeister ihre Seufzer weben,
wie Elfen schüchtern kosen, fliehn und zagen,
was Menschenherzen nur durch Augen sagen:
du hast im Klang den Ausdruck ihm gegeben.

Wie Morgentau auf bleiche Blumenkronen,
wie Abendrot am dunklen Wolkensaume,
so fällt dein Lied auf trübe Menschenherzen.

Die Tränen, die im dunklen Busen wohnen,
die Seufzer aus dem bangen Lebenstraume:
Du hauchst sie aus und lösest unsere Schmerzen.

Klaus Groth

WENN ER SANG ZUM LAUTENSCHLAG

Orpheus rührt' der Bäume Wipfel
und der Schneegebirge Gipfel,
wenn er sang zum Lautenschlag.
Wie der Sonn und mildem Regen
sprossten Blum und Gras entgegen
seines Liedes Frühlingstag.
Alles, was sein Spielen hörte,
neigte sich, selbst die empörte
Woge legte sich der See.
Solcher Zauber wirkt aus süßen
Tönen, dass entschlummern müssen
Sorgenqual und Herzensweh.

William Shakespeare

PRÄLUDIUM

Singe, o singe dich, Seele,
über den Eintag empor in die
himmlischen Reiche der Schönheit!
Bade im goldenen Strömen der Töne dich rein
vom Staube der Sorgen!

Was dir die Welt geraubt, vergiss es!
Was dir dein Ich verwehrt,
genieß es im Traum!
Auf klingenden Wellen
kommen die heimlichsten Wunder
wie Düfte
ferner Gärten
zu deinen leis zitternden Sinnen.

Singe, singe, Seele des Menschen,
vom Grauen der Nächte bedroht,
dich empor,
wo, lichtumgürtet,
der Phantasien
jungfräulicher Reigen
die zierlichen Füße
auf nie verblühende Wiesen
verführerisch setzt.

Christian Morgenstern

Geduld, Vertrauen, Zuversicht

Wir rühmen uns auch der Trübsale, dieweil wir wis-
sen, dass Trübsal Geduld bringt. Geduld aber birgt
Erfahrung, Erfahrung birgt Hoffnung. Hoffnung aber
lässt nicht zuschanden werden.

Paulus

GEDULD, du ungeheures Wort!
Wer dich erlebt, wer dich begreift,
erlebt hinfort, begreift hinfort,
wie Gottheit schafft, wie Gottheit reift!

Christian Morgenstern

Es ist kein Mensch, der nicht schon unerwartet Gutes
erlebt hätte. Das halte dir vor, und du wirst nicht an
der Zukunft verzweifeln. Die Erinnerung wird – wie
sie ein Dichter nennt – die Ernährerin der Hoffnung
werden.

Ernst von Feuchtersleben

Geduld, ernstere Schwester der Hoffnung, wohltätiger Balsam der heilenden Natur des Geistes; wundervolle, tief innere Kraft des Wollens – n i c h t zu wollen, wirkend durch Leiden! Welcher Kranke hat nicht im glücklichen Augenblick deinen Zauber erfahren – wenn er ihn heraufzubannen verstand! Welcher Arzt weiß nicht, dass die Fieberparoxysmen vor dir weichen, und wenn du das Bett des Leidenden verlässest, sich verdoppeln, – dass du die heftigsten Schmerzen bändigen, die schwierigsten Kuren beschleunigen hilfst! Du allein bist stark im Schwachen, du allein schon die völligste, die zarteste, die schönste Offenbarung der S e e l e als heilender Kraft im Leibe.

Ernst von Feuchtersleben

DULDE, trage,
Bessere Tage
werden kommen.
Alles muss frommen
denen, die fest sind.
Herz, altes Kind,
dulde, trage.

Christian Morgenstern

WEGZEHRUNG

Mit den Jahren steigern sich die Prüfungen. Es kann wohl sein, dass der Mensch durch öffentliches und häusliches Glück zu Zeiten grässlich gedroschen wird. Allein das rücksichtslose Schicksal, wenn es die reichen Garben rifft, zerknittert nur das Stroh – die Körner spüren nichts davon und springen lustig auf der Tenne hin und wider, unbekümmert, ob sie zur Mühle, ob sie zum Saatfeld wandern.

Johann Wolfgang Goethe

Was hinter dir die Zeit bedeckt,
Betracht' es starkgemut –
Was vor dir in der Zukunft liegt,
Erwart' es gleichmutvoll.

Rudolf Steiner

DEM KRANKEN FREUNDE

Als ich die Sprache verlor, hab ich die Sprache
gefunden.
Also sei Gott uns gnädig: Wir Sterbenden werden
gesunden.

Ernst Ginsberg

DURCH MANCHEN HERBST des Leidens
musst du, Herz,
eh' dich die letzte goldne Sichel mäht ...
Schon späht
ihr blankes Erz
nach deinem dunklen Blut ...
wie lang, – so ruht,
verströmend Gold,
es, Abendröten gleich,
in jenem Reich
des ewigen Abends, welcher Friede heißt ...
O süßer Geist
der Nächte, sei mir hold!

Christian Morgenstern

VOM ENGEL DES LEIDS

Einmal, als mir ein Leid ins Haus gebracht wurde,
war ich besonders wach, so dass ich den Boten Got-
tes sehen konnte. Zu meiner Verwunderung bemerk-
te ich, dass er die rechte Hand auf dem Rücken hielt,
wie wenn er darin eine Heimlichkeit verborgen hätte.
»Darf ich wissen, was du versteckt hältst?«, fragte ich.
Noch nicht ganz, erwiderte er, doch soviel kann ich
dir sagen, dass es etwas Köstliches, Frohmachendes
ist. »So bist du also nicht bloß der Engel des Leids,
sondern auch der der Freude?«

Freilich, wie könnte ich selig sein, wenn ich nur Leid zu bringen hätte.
»Für wen ist die Freude bestimmt, die du in deiner Hand verborgen hältst?«
Für dich.
»Für mich?! Oh, wann werde ich sie bekommen?«
Sobald du vertraust und deine Seele ganz stille ist.

Michael Bauer

ÜBER ALLEM

Über allen Untergängen
weht Gottes Liebe.
In allen Engen
geht sie mit dir.

Über allen Verhängnissen
wacht deines Engels Auge.
Aus allen Bedrängnissen
sacht führt dich seine Hand.

Über allem Stummwerden und Entsagen
fragt und wägt deiner Ichheit Hüter.
In allem Wagen
trägt dich der Gottwelt Sinn.

Friedrich Doldinger

FÜRCHTE dich nicht!
Jede Krankheit ist eine Gabe des Schicksals
zur Selbstbesinnung.
Nütze die Zeit und fürchte dich nicht.
Bedenke: tüchtig ist, wer sich der Grenzen
seines Könnens bewusst ist,
aber innerhalb dieser Grenzen seine Kräfte
mit königlicher Geste verausgabt.
Aber das wisse: durch die Selbstbeschränkung
erstarken die Grenzen und weiten sich,
sonst zerreißen sie und die Schwäche dringt ein
und verzehrt die Lebenskraft.
Fürchte dich nicht!

Rudolf Steiner

UND SO HEBE dich denn
aus den Nebeln des Grams
auf des Selbstvertrauens
mächtigen Fittichen
aufwärts,
bis du dir selber
mit all deinem Leide
klein wirst
groß wirst
über dir selber
und all deinem Leide.

Christian Morgenstern

64

DER ENGEL

Und immer hält er dir den Himmel offen,
trägt dich empor, o schwere Last,
gibt Form und Wandlung deinem Hoffen,
durchlichtet deine dunkle Haft.
Jedoch sein Auftrag ist nicht immer:
»dir dienen still«. Im hellen Schimmer
seiner Sternenrüstung stürmt stark dich an
und bricht er in dich ein und lotet aus.
Doch Segnung füllt der Schmerzen Haus,
soll Friede werden, was als Leid begann. –
O lerne tief dich ihm vertrauen,
und ohne Klage sei dein schweres Los,
denn neue Form will er in dir erbauen
und prägen dich zu neuer Zeugung Schoß.

Fercher Münch

TRAGE DIE SONNE auf die Erde
O Mensch, du bist zwischen Licht
Und Finsternis gestellt.
Sei ein Kämpfer des Lichtes
Liebe die Erde in einen
Leuchtenden Edelstein.
Verwandle die Pflanze,
Verwandle die Tiere,
Verwandle dich selbst.

Persischer Spruch

FASS ES, was sich dir enthüllt!
Ahne dich hinan zur Sonne!
Ahne, welche Schöpfer-Wonne
Jedes Wesen dort erfüllt!

Klimm empor dann dieser Geister
Stufen bis zur höchsten Schar!
Und dann endlich nimm Ihn wahr:
Aller dieser Geister Meister!

Und dann komm mit Ihm herab!
Unter Menschen und Dämonen
komm mit Ihm, den Leib bewohnen,
den ein Mensch ihm fromm ergab.

Fasst ein Herz des Opfers Größe?
Misst ein Geist dies Opfer ganz?
Wie ein Gott des Himmels Glanz
tauscht um Menschennot und -blöße!

Christian Morgenstern

Es gibt noch Wunder, liebes Herz,
getröste dich!
Erlöste dich
noch nie ein S t e r n aus deinem Schmerz
des Strahlenspiel
vom hohen Zelt
in deiner Qualen
Tiefe fiel
und sprach: »Sieh, wie ich zu dir kam
vor allen andern ganz allein!
Du liebes Herz, wirf ab den Gram!
Bin i c h nicht dein?
Getröste dich!«

Erlöste dich
noch nie ein Stern ...

Christian Morgenstern

Er schläft nicht, man täuscht ihn nicht,
den edlen Schützer eines jeden von uns.
Schließe deine Tür und mache dunkel,
aber erinnere dich,
dass du niemals allein bist.

Epiklet

WIE OFT wohl bin ich schon gewandelt
auf diesem Erdenball des Leids,
wie oft wohl hab ich umgewandelt
den Stoff, die Form des Lebenskleids?

Wie oft mag ich schon sein gegangen
durch diese Welt, aus dieser Welt,
um ewig wieder anzufangen
von frischem Hoffnungstrieb geschwellt?

Es steigt empor, es sinkt die Welle –
so leben wir auch ohne Ruh;
unmöglich, dass sie aufwärts schnelle
und nicht zurück – dem Grunde zu.

Christian Morgenstern

DER TRÖSTER

Ich bin bei dir, auch wenn du dunkel schreitest,
Ich helfe dir mit dem verborgenen Rat,
Ich trage dich, wenn du am Abgrund gleitest,
Ich bin in deiner Hand die reine Tat.

Ich weiß um dich, auch wenn ich dir verborgen,
Ich schaue dich, wenn du dir noch verhüllt,
Ich liebe in dein Herz den neuen Morgen,
Ich liebe in dich selbst dein wahres Bild.

Ich bin bei dir in neuer Geistesnähe
Ich bin der Schmerz, den du um mich erträgst.
Ich bin Geburt in dir und bin die Wehe,
Ich bin der Mantel, den du um mich schlägst.

Claus von der Decken

EINWILLIGUNG

Einwilligend in Wechsel
bleibst du
beständig.
Einwilligend in Leid
kann deine
Freude
Wurzeln schlagen.
Einwilligend
in
Gebundensein
wird deine
Freiheit
geboren.

Nelly Sachs

PSALM 73 V. 23 – 28

Mein Ich – allezeit bei Dir!
Ergriffen hast Du meine rechte Hand.
Nach Deinem Rat führest Du mich.
Und dereinst – in die Glorie nimmst Du mich hin.
Wer sonst in den Himmeln ist meines Ich-Wesens
    schaffendes Urbild?
Und mit Dir im Bunde steh ich dem Irdischen frei
    gegenüber.
Mag denn hinschwinden mein Leib, hinschwinden
    auch meine Seele –
Gott ist mir ewig Felsgrund des Herzens
    und Schicksal.
Denn siehe, die fern von Dir sind, vergehn.
Den, der Dir den Treue-Bund bricht,
    gibst Du der Nichtigkeit anheim.
Und ich – Gottes Nähe ist mein Gut.
Meine Zuflucht habe ich genommen bei dem Kyrios,
    dem Gott des Ich-Bin.

Übersetzung von Rudolf Frieling

Es ist auf Erden keine Nacht,
Die nicht noch ihren Schimmer hätte.
So groß ist keines Unglücks Macht,
Ein Blümlein hängt an ihrer Kette.
Ist nur das Herz vom rechten Schlage,
So baut es sich sein Sternenhaus
Und schafft die Nacht zun hellen Tage,
wo sonst war Asche, Schutt und Graus.

Gottfried Keller

Die Nacht ist still. Ihr schlummert um mich her,
und mich, mich überkommt ein tiefes Danken.
Was wäre ich, höbet ihr mich nicht empor
aus meinen Zweifeln, meinem trüben Schwanken.

Indes ihr schlummernd ruht in stiller Nacht,
erfasst mich's tief, die Hände fromm zu falten
zu jener Macht, die ewig wirkt und wacht,
und euer Heil befehl ich ihrem Walten.

Die Nacht ist still. Durch dunkle Fernen sucht
mein Geist des Vaters Herz, das treue, tiefe.
Und schluchzend fleh ich in die dunkle Nacht:
O dass auch er in Glück und Frieden schliefe.

Christian Morgenstern

STUFEN

Wie jede Blüte welkt und jede Jugend
Dem Alter weicht, blüht jede Lebensstufe
Blüht jede Weisheit auch und jede Tugend
Zu ihrer Zeit und darf nicht ewig dauern.
Es muss das Herz bei jedem Lebensrufe
Bereit zum Abschied sein und Neubeginne,
Um sich in Tapferkeit und ohne Trauern
In andre, neue Bindungen zu geben.
Und jedem Anfang wohnt ein Zauber inne,
Der uns beschützt und der uns hilft zu leben.

Wir sollen heiter Raum um Raum durchschreiten,
An keinem wie an einer Heimat hängen,
Der Weltgeist will nicht fesseln uns und engen,
Er will uns Stuf um Stufe heben, weiten.
Kaum sind wir heimisch einem Lebenskreise
Und traulich eingewohnt, so droht Erschlaffen;
Nur wer bereit zu Aufbruch ist und Reise,
Mag lähmender Gewöhnung sich entraffen.

Es wird vielleicht auch noch die Todesstunde
Uns neuen Räumen jung entgegensenden.
Des Lebens Ruf an uns wird niemals enden ...
Wohlauf denn, Herz, nimm Abschied und gesunde!

Hermann Hesse

ALTE IRISCHE SEGENSWORTE

Segen sei mit dir,
der Segen strahlenden Lichtes.
Licht um dich her
und innen in deinem Herzen.
Sonnenschein leuchte dir
und erwärme dein Herz,
bis es zu glühen beginnt
wie ein großes Torffeuer,
und der Fremde tritt näher,
um sich daran zu wärmen.

Aus deinen Augen strahle
gesegnetes Licht – wie zwei Kerzen
in den Fenstern eines Hauses,
die den Wanderer locken,
Schutz zu suchen dort drinnen
vor der stürmischen Nacht.

Möge dein künftiger Weg
dir freundlich entgegenkommen,
Wind dir den Rücken stärken,
Sonnenschein deinem Gesicht
viel Glanz und Wärme geben.
Der Regen möge sanft
dir deine Felder tränken.
Und Gott halte dich
schützend in seiner hohlen Hand.

TROST

Unsterblich duften die Linden –
was bangst du nur?
Du wirst vergehen und deiner Füße Spur
wird bald kein Auge mehr im Staube finden.
Doch blau und leuchtend wird der Sommer stehn
und wird mit seinem süßen Atemwehn
gelind die arme Menschenbrust entbinden.
Wo kommst du her? Wie lang bist du noch hier?
Was liegt an dir?
Unsterblich duften die Linden. –

Ina Seidel

Es leiht mir wunderbare Stärke
die Zuversicht, dass nimmermehr ich sterbe,
dass ungehemmt ich meine Werke
vollbringe, ob auch oft mein Leib verderbe;
es wirkt, dass ich mit ernster Ruhe
von meiner Plane Fehlschlag mich ermanne -
Ich weiß: was ich erstrebe, was ich tue,
ist nicht gebannt in e i n e s Lebens Spanne.

Christian Morgenstern

Blicke zum anderen

WORTE DES TROSTES

Du kannst dein eignes Leid nicht tragen,
es dünkt so tief dir und so schwer?
So musst nach fremdem Leid du fragen,
versenken dich in fremde Klagen –
die eignen hörst du dann nicht mehr.
Das eigne Leid muss klein dir scheinen,
wenn du bedenkst das Weh, die Not,
wodurch viel tausend Augen weinen!
Wenn du von aller Schmerz den deinen
nur kennst, so bist du seelisch tot.

Christian Morgenstern

Es bleibt immer ein harter Weg, das Leid, das die Götter über uns verhängen, zu verstehen und in Demut hinzunehmen – ein harter und manchmal ein langer Weg. Aber in das Leid derer, die wir lieben, sich still zu schicken – dahin wird das Menschenherz niemals gelangen. Und das soll es auch nicht. Viel tausendmal lieber soll es doch ringen und rechten mit dem Gott, den es versteht, denn dass es den verleugne, der ihm als Liebe innewohnt.

Hermann Hesse

Fühle mit allem Leid der Welt, aber richte deine Kräfte nicht dorthin, wo du machtlos bist, sondern zum Nächsten, dem du helfen, den du lieben und erfreuen kannst.

Hermann Hesse

BEREITSCHAFT

Sieh, sie brauchen irgendeinen,
der dabei ist in der Nacht,
wenn ihr weher Atem wacht
und sie einsam sind und weinen.

Sieh, sie müssen einen finden,
der sie schon im Schweigen kennt,
der, eh man die Wunde nennt,
schon am Werk ist, zu verbinden.

Glaubst du, Herr, ich könnte lesen
mit der armen Augen Kraft,
wo sie krank sind und genesen?

Sieh, ich möchte mich verteilen
wie ein Becher seinen Saft –
Heiland, gib ihm Kraft zu heilen.

Albrecht Goes

GEBET UM FRIEDEN

O Herr, mach mich zu einem Werkzeug Deines Friedens
Dass ich Liebe übe, wo man mich hasst –
Dass ich verzeihe, wo man sich beleidigt –
Dass ich verbinde, da wo Streit ist –
Dass ich die Wahrheit sage, wo der Irrtum herrscht –
Dass ich Glauben bringe, wo der Zweifel drückt –
Dass ich Hoffnung wecke, wo Verzweiflung quält –
Dass ich Dein Licht anzünde, wo Finsternis regiert –
Dass ich Freude mache, wo Kummer wohnt.

ACH HERR, lass Du mich trachten
Nicht dass ich getröstet werde, sondern dass ich
    andere tröste,
Nicht dass ich verstanden werde, sondern dass ich
    andere verstehe,
Nicht dass ich erleichtert werde, sondern dass ich
    andere erleichtere,
Nicht dass ich geliebt werde, sondern dass ich liebe.–

Denn wer da hingibt, der empfängt –
Wer sich selbst vergisst, der findet –
Wer verzeiht, dem wird verziehen,
Und wer da stirbt, der erwacht zum ewigen Leben.

Franz von Assisi

GEBET UM LIEBE

O Gott, an Liebe mach mich reich,
Dass ich dem Brunnen an dem Wege gleich!
Dass mir das Schenken so von Herzen geht
Als wie dem Brunnen, der am Wege steht.
Auch dass ich hilfsbereit bei Tag und Nacht,
Gleich wie der Brunnen, der am Wege wacht.
Und dass ich jedem geb, ob bös ob gut,
Gleich wie der Brunnen an dem Wege tut.

Den Überfluss der Liebe gib in mich,
O Gott, das bitt ich Dich!

Michael Bauer

Christus

DER HEILAND

Immer wieder wird er Mensch, geboren,
spricht zu frommen, spricht zu tauben Ohren,
kommt uns nah und geht uns neu verloren.

Immer wieder muss er einsam ragen,
aller Brüder Not und Sehnsucht tragen,
immer wird er neu ans Kreuz geschlagen.

Immer wieder will sich Gott verkünden,
will das Himmlische ins Tal der Sünden,
will ins Fleisch der Geist, der ew'ge münden.

Immer wieder auch in diesen Tagen
ist der Heiland unterwegs, zu segnen,
unsern Ängsten, Tränen, Fragen, Klagen

mit dem stillen Blicke zu begegnen,
Den wir doch nicht zu erwidern wagen,
weil nur Kinderaugen ihn ertragen.

Hermann Hesse

»Glauben ist Gottes Vereinigung mit der Seele.«
Glauben ist – kann daher nicht erfasst werden, noch
viel weniger identifiziert werden mit Formeln, in de-
nen wir das umschreiben, was ist.
En una noche oscura. Des Glaubens Macht – so dun-
kel, dass wir nicht einmal den Glauben suchen dür-
fen. Es geschieht in der Gethsemane-Nacht, wenn die
letzten Freunde schlafen, alle anderen deinen Unter-
gang suchen und Gott schweigt, dass die Vereinigung
sich vollzieht.

Dag Hammarskjöld

VENI CREATOR SPIRITUS

In meinem Herzen werden Felsen gesprengt,
schwarze Felsen des Hasses, zürnender Schwermut.

In meinem Herzen werden Straßen gezogen,
weiße Straßen des Friedens.

In meinem Herzen flattern Fahnen,
mein Herz wartet und zittert –

Ernst Ginsberg

DER EINSAME CHRISTUS

Wachet und betet mit mir!
Meine Seele ist traurig
bis an den Tod.
Wachet und betet!
mit mir!
Eure Augen
sind voll Schlafes, –
könnt ihr nicht wachen?
Ich gehe,
euch mein Letztes zu geben –
und ihr schlaft ...
Einsam stehe ich
unter den Schlafenden,
einsam vollbring ich
das Werk meiner schwersten Stunde.
Wachet und betet mit mir!
K ö n n t ihr nicht wachen?
Ihr seid alle in mir,
aber in wem bin ich?
Was wisst ihr
von meiner Liebe,
Was wisst ihr
vom Schmerz meiner Seele!
O einsam!
einsam!
Ich sterbe für euch –
und ihr schlaft!
Ihr s c h l a f t !

Christian Morgenstern

GENIUS ASTRI

Durch die Kette deiner Leben
erdennah und erdenfern –
immer segnend dir zu Häupten
hält dein Engel deinen Stern.

Geh in Grauen, Not und Schande,
wandre aller Hoffnung bar,
auch im allertiefsten Dunkel
flammt das Licht, das ewig war.

Unter Dornen, unter Rosen,
unbeirrt seit Urbeginn
leuchtet über deiner Seele
das urewige »Ich Bin«.

Jede Nacht kannst du es schauen,
neu zu jedem neuen Tag
rührt dich reinigend und sühnend
deines Engels Schwingenschlag.

Und befreit die Todesstunde
deines Wesens wahren Kern –
heimwärts in die ewige Heimat
trägt dein Engel deinen Stern.

Manfred Kyber

2. Korintherbrief, Kapitel 4

Der Gott, der da sprach - und es erstrahlte das Licht in der Finsternis -, der leuchtet auf in unserem Herzen. So entsteht die Erleuchtung, die uns erkennen lässt, wie sich der Vatergrund offenbart in der Erscheinung des Christus Jesus. – Wir aber haben diesen Schatz in irdenen Gefäßen, damit wir spüren, wie eine höhere Macht uns trägt, die aus Gott stammt und nicht aus uns selbst.

Von allen Seiten werden wir bedrängt, aber wir ängstigen uns nicht. Wir geraten in Zweifel, aber wir verzweifeln nicht. Wir leiden Verfolgung, aber doch fühlen wir uns nicht verlassen. Wir werden niedergeworfen, aber nicht völlig vernichtet. Ständig tragen wir in unserem Leibeswesen das Sterben unseres Herrn, des Christus, durch das Erdensein, damit auch das Leben unseres Herrn, des Christus, in unserem Leibeswesen offenbar werde.

Denn dadurch, dass wir leben, sind wir stets den Todesmächten überliefert in dem Christus, damit in unserem vergänglichen Leibesleben die Kraft des unvergänglichen Lebens des Christus erscheine. –

Darum, – wirket mächtig der Tod in uns, – so wirket ebenso mächtig das Leben.

Darum werden wir nicht schwach. Sondern wenn auch der Mensch im äußeren Leben vergeht, so wird er doch im Innern erneuert von Tag zu Tag.

Denn unsere Not, die zeitlich ist und darum leicht, erwirket eine über alle Maßen gewaltige überzeitliche Offenbarungsherrlichkeit für uns, die wir nicht

schauen auf das Sichtbare, sondern auf das Unsicht-
bare. – Das Sichtbare ist nur für einen Augenblick,
das Unsichtbare lebt im Ewigen.

Übersetzung von Gerhard Klein

EIN STERN steht über meinem Haupt
Christus spricht aus dem Stern.
Lasse tragen deine Seele
von meiner starken Kraft.
Ich bin bei dir
Ich bin für dich
Ich bin in dir
Ich bin dein Ich.

Rudolf Steiner

Durchbruch zum Licht

Sieghafter Geist
Durchflamme die Ohnmacht
Zaghafter Seelen,
Verbrenne die Ich-Sucht,
Entzünde das Mitleid,
Dass Selbstlosigkeit,
Der Lebensstrom der Menschheit,
Wallt als Quelle
Der geistigen Wiedergeburt.

Rudolf Steiner

Ich bin dein Licht,
wenn du mich suchst.
Ich bin dein Spiegel
wenn du mich denkst,
Ich bin deine Türe,
wenn du anklopfst.
Ich bin dein Weg,
wenn du ein Wanderer wirst.

Aus einer alten gnostischen Schrift

IN HARMESNÄCHTEN

Die Rechte streckt' ich schmerzlich oft
In Harmesnächten
Und fühlt' gedrückt sie unverhofft
von einer Rechten –
Was Gott ist, wird in Ewigkeit
Kein Mensch ergründen.
Doch will er treu sich allezeit
Mit uns verbünden.

Conrad Ferdinand Meyer

WEGE DES LEBENS. Plötzlich sind es die Flüge,
die uns erheben über das mühsame Land;
da wir noch weinen um die zerschlagenen Krüge,
springt uns der Quell in die eben noch leerste Hand.

Rainer Maria Rilke

NUR MANCHMAL, während wir so schmerzlich
    reifen,
dass wir an diesem beinah sterben, dann:
formt sich aus allem, was wir nicht begreifen,
ein Angesicht und sieht uns strahlend an.

Rainer Maria Rilke

WENN IN BANGEN trüben Tagen
unser Herz beinah verzagt,
wenn, von Krankheit überwunden
Angst in unserm Innern nagt,
wir der Treugeliebten denken,
wie sie Gram und Kummer drückt,
Wolken unsern Blick beschränken,
die kein Hoffnungsstrahl durchblickt:

O! dann neigt sich Gott herüber,
seine Liebe kommt uns nah,
sehnen wir uns dann hinüber,
steht sein Engel vor uns da,
bringt den Kelch des frischen Lebens,
lispelt Mut und Trost uns zu,
und wir beten nicht vergebens
auch für der Geliebten Ruh.

    Novalis

HIER BIN ICH, HERR! Gegrüßt das Licht,
Das durch die stille Schwüle
Der müden Brust gewaltig bricht
Mit seiner strengen Kühle.
Nun bin ich frei! Ich taumle noch
Und kann mich noch nicht fassen –
O Vater, du erkennst mich doch,
Und wirst nicht von mir lassen!

    Joseph von Eichendorff

O LEBEN, LEBEN, wunderliche Zeit
von Widerspruch zu Widerspruch reichend
im Gange oft so schlecht, so schwer, so schleichend
und dann auf einmal, mit unsäglich weit
entspannten Flügeln, einem Engel gleichend:
o unerklärlichste, o Lebenszeit.

Von allen großgewagten Existenzen
kann eine glühender und kühner sein?
Wir stehn und stemmen uns an unsre Grenzen
und reißen ein Unkenntliches herein.

Rainer Maria Rilke

KRISHNA ZU ARJUNA:

»Du trauerst, wo kein Grund zur Trauer ist,
und Deinen Worten fehlt's an wahrer Weisheit.
Die Weisen trauern nicht um das, was lebt,
noch um den Tod.

Was wirklich ist, lebt ewig.

Das, was unsterblich ist im Menschenherzen,
wird wieder neu in Leibern offenbar.

So wisse denn: unsterblich ist der Geist,
der alles Lebens Kraft und Ursach ist.
Er kann nicht untergehn.
Niemand kann des Daseins Grund,
das Ewige vernichten.«

QUELLEN DES LEBENS fühl ich in mir springen,
Quellen alturalten Lebens,
Quellen des Lebens hör ich in mir singen:
»Nichts ist vergebens! Nichts ist vergebens!

Tief aus Chaos führt der Weg alles Strebens
hoch zu Gott in tausend Spiralenringen...
Gott selbst bist du auf Vogel-Phönix-Schwingen
ewig neuen zu dir selbst Erhebens.

Höher immer, bis zum Unfassbaren,
lebst du dich die Leiter der Möglichkeiten –
bis du dein in deiner unendlichen Fülle

innewirst, Herr dann der Gestirnheerscharen,
in dir, Welt-Ich, dann alle Räum und Zeiten,
Ewigkeit allein dann noch deine Hülle!«

Christian Morgenstern

Gedichtanfänge
und Gedichtüberschriften

Quellenangaben

Michael Bauer, Gesammelte Werke, Bd. 4, Aphorismen und Fragmente, hrsg. von Christoph Rau, Stuttgart 1990; Michael Bauer, Menschentum und Freiheit, Stuttgart 1971; Die Christengemeinschaft, 59. Jhg., S. 82, 1987; Die Christengemeinschaft, 48. Jhg., S. 69, 1976; Friedrich Doldinger, Die ewige Stadt, Neuauflage Stuttgart 1997; Joseph von Eichendorff, Werke, Bd. I, Gedichte, Zürich 1965; Fahrt ins Staublose. Die Gedichte der Nelly Sachs, Frankfurt 1961; Ernst von Feuchtersleben, Zur Diätetik der Seele, Stuttgart 1980; Ernst Ginsberg, Abschied, Zürich, 6. Aufl. 1965; Albrecht Goes, Gedichte, Frankfurt 1950; Johann Wolfgang Goethe, Werke in zehn Bänden, Zürich 1962; Johann Wolfgang Goethe, Gespräche mit Eckermann, Berlin 1847; Dag Hammarskjöld, Zeichen am Weg, München 1965; Hermann Hesse, Die Gedichte, Frankfurt 1953; Hermann Hesse, Lektüre für Minuten, München 1977; Friedrich Hölderlin, Werke und Briefe, hrsg. von Friedrich Meißner und Jochen Schmidt, Frankfurt 1970; Gottfried Keller, Werke, Bd. 5, Gedichte, Zürich 1973; Kleine Wegzehrung in Schmerz und Leid, Bad Liebenzell, o.J.; Conrad Ferdinand Meyer, Werke, Bd. I, Gedichte, Zürich 1965; Eduard Mörike, Werke, Bd. 1, Gedichte, Zürich 1965; Christian Morgenstern, Werke und Briefe, Bd. I, Lyrik. 1887 - 1905, Stuttgart 1988; Christian Morgenstern, Werke und Briefe, Bd. II, Lyrik. 1906 - 1914, Stuttgart 1992; Christian Morgenstern, Werke und Briefe, Bd. IV, Aphorismen, Stuttgart 1990; Novalis, Werke, hrsg. und kommentiert von Gerhard Schulz, München 1969; Fred Poeppig, Das Jahr der Seele. Ein Begleiter durch den Jahreslauf, Freiburg 1958; Ludwig Reiners, Der ewige Brunnen, München 1955; Rainer Maria Rilke, Gedichte, Leipzig 1986; Friedrich Rittelmeyer, Einen leuchtenden

Kern im Innern schaffen, Stuttgart 1992; Adolf Seeberg, Trösterin Musik. Ein Brevier zeitloser Dichtung über Musik, Zürich 1946; Ina Seidel, Gedichte, Stuttgart 1950; Rudolf Steiner (S.19,21,30,61) aus: Wahrspruchworte, GA 40, Dornach, 7. Aufl. 1991; Rudolf Steiner (S. 17) aus: Die Geheimwissenschaft im Umriss, Dornach, 30. Aufl. 1989; Rudolf Steiner (S. 17) aus: Mythen und Sagen, GA 101, Dornach, 2. Aufl. 1992; Rudolf Steiner (S. 23) aus: Geistige Hierarchien und ihre Widerspiegelung in der physischen Welt. Fragenbeantwortung, 21. 4. 1909, GA 110, Dornach, 7. Aufl. 1991; Rudolf Steiner (S. 38) aus: Pfade der Seelenerlebnisse. Die Mission des Gebetes, GA 58, Dornach, 3. Aufl. 1957; Rudolf Steiner (S. 91) aus: Anweisungen für eine esoterische Schulung, GA 245 Dornach 1968; Vermutlich Rudolf Steiner (S. 64) aus: Deutsche Mitteilungen 1982, Jg. 36, Nr. 140; Rudolf Steiner (S. 88): Hälfte einer Meditation an Martin Münch, Ostern 1924, GA 267; Würde der Dinge, Freiheit des Menschen. Goethe-Texte, ausgewählt und eingeleitet von Wolfgang Schad, Stuttgart 1983.

ISBN 3-8251-7148-5

Erschienen 1997 im Verlag Urachhaus
© 1997 Verlag Freies Geistesleben &
Urachhaus GmbH, Stuttgart
Umschlag: Walter Schneider unter Verwendung
eines Gemäldes von Sonia van der Klift
Druck: Offizin Chr. Scheufele, Stuttgart